1979 Unser Jahrgang

KINDHEIT
IN DER DDR

Unser Jahrgang 1979

BILD
UND
HEIMAT

Einleitung 1979

Ein Ziel vor Augen

Unser Geburtsjahr ist 1979. Grund genug, um mit all jenen anzustoßen, die uns auf unserem bisherigen Weg begleitet haben, aber auch um auf ereignisreiche Jahrzehnte zurückzublicken. Es ist ein guter Zeitpunkt, um einen Moment innezuhalten und uns in Erinnerung zu rufen, was die Welt seit 1979 bewegt und was die Zeit aus uns gemacht hat.

Als Deutschland sich spaltet, sind selbst unsere Eltern noch Kinder. Wir werden 18 Jahre später in ein geteiltes Deutschland hineingeboren. Seit sich zwei Staaten mit ihren unterschiedlichen Werten gebildet haben, hat sich das Verhältnis zwischen Ost und West schon merklich entspannt. Auch um internationale Anerkennung muss unsere Nation nun nicht mehr kämpfen.

Viel wird in der Politik und Gesellschaft über unsere Staatsmacht diskutiert, doch für uns ist die DDR in erster Linie unsere Heimat. Unsere Familie hat sich innerhalb der Systemgrenzen eingerichtet und uns in den klar strukturierten gesellschaftlichen Verhältnissen ein schönes Zuhause aufgebaut. Wir lernen schon von klein auf, was Gemeinschaftssinn und Solidarität bedeutet, und fühlen uns sicher in unserem Land. Wir ahnen bestenfalls, dass das Gesellschaftskonstrukt erste Risse hat und wir Zeugen großer politischer Veränderungen werden sollen. Wir Kinder der 1970er Jahre wachsen ohne Sorgen zu glücklichen Menschen heran. Wir gehen in die Krippe, in den Kindergarten und besuchen die Schule. Wir schließen Freundschaften und verlieben uns. Wir wachsen in unruhigen Zeiten zu starken Persönlichkeiten heran. Es ist an der Zeit, sich zurückzuerinnern an gute wie auch an schlechte Zeiten. Wir haben schließlich einiges erlebt und erreicht!

Weltgeschehen 1979

Wichtige Ereignisse
1979

In Deutschland und der Welt werden 1979 Entscheidungen getroffen, die Einfluss auf das politische und gesellschaftliche Klima der kommenden Jahre haben werden. Konflikte werden ausgetragen, Machtpositionen verfestigt und neu besetzt. Andernorts tritt Entspannung ein. Doch fordern radikale Ideologien überall auf der Welt auch Opfer – vor allem in der Zivilgesellschaft. Einige Veränderungen wirken sich auf unseren Alltag aus, andere sogar auf unsere Zukunft. Ein Überblick der wichtigsten Ereignisse unseres Geburtsjahres:

08.–21.01.
Staatsbesuch von Erich Honecker und Willi Stoph in Indien

15.–24.02.
Freundschaftsbesuch von Honecker und einer DDR-Delegation in Libyen, Angola, Sambia und Mosambik

27.09.
Eröffnung des größten und modernsten Centrum-Warenhauses am Berliner Ostbahnhof

04.–08.10.
Leonid Breschnew verkündet den Abzug von 20 000 Soldaten und 1000 Panzern aus der DDR.

03.10.
Einweihung des Pionierpalasts »Ernst Thälmann« in der Berliner Wuhlheide durch Margot Honecker

10.11.
Amnestie und Haftentlassung für 20 000 Strafgefangene anlässlich des 30. Jahrestages der DDR

Politik
1979

Briefmarke zum 30. Republikgeburtstag

In unserem Heimatland geht es den meisten Familien gut und der Staat steht auf einem scheinbar soliden Sockel aus Struktur, Arbeit und Frieden. Der Urlaubsanspruch wird um drei Tage aufgestockt, Rentenerhöhungen werden beschlossen und 20 000 Strafgefangene anlässlich des 30. Jahrestages der DDR amnestiert. Ein gelungenes Jahr für die DDR und ihre Bürger, wie es scheint. Dabei hat es für das Ministerium für Staatssicherheit (MfS) alles andere als ruhmreich begonnen. Oberleutnant des MfS Werner Stiller läuft am 18. Januar in den Westen über, was die Enttarnung von 14 Agenten in der BRD nach sich zieht. Monatelang hat Stiller delikate Stasi-Unterlagen dem Bundesnachrichtendienst zur Verfügung gestellt. Auch gen Osten sickern brisante Informationen. Eine Reihe von Spionagefällen versetzt Bonn, die Hauptstadt der BRD, in Aufregung. Gleich mehrere CDU-Spitzensekretärinnen haben ihre Chefs zum Teil mehrere Jahre lang

Als Leiter des Bereichs Kommerzielle Koordinierung (KoKo) im DDR-Außenhandelsministerium erwirtschaftet Alexander Schalck-Golodkowski seit 1966 mit Außenhandelsgeschäften Devisen – so auch mit der Entsorgung von Westmüll.

ausgespäht und sich später wieder in die DDR abgesetzt.

Daneben bewegt der anhaltende Mangel an Devisen für die Beschaffung von Rohstoffen das Politbüro des Zentralkomitees (ZK) der SED Ende Januar dazu, dem Bau der Mülldeponie Schöneiche südöstlich von Berlin stattzugeben. Der Müll aus der Bundesrepublik wird dort fortan gegen Devisen entsorgt, Schöneiche zu einer von mehreren »Hausmüllkippen von Westberlin« in der DDR. Später wird dort auch Sondermüll aus der BRD abgelagert.

Bekannte westdeutsche Schriftsteller wie Heinrich Böll und Günter Grass haben im Vorjahr die Freilassung von Publizist Rudolf Bahro gefordert. Wegen der Veröffentlichung seines Buches *Die Alternative. Zur Kritik des real existierenden Sozialismus* ist er zu acht Jahren Haft verurteilt worden. 1979, drei Jahre nach der Ausbürgerung des Liedermachers Wolf Biermann, werden neun Autoren wegen »Verletzung des Statuts« aus dem Schriftstellerverband der DDR ausgeschlossen, darunter Klaus Schlesinger, Joachim Seyppel und Stefan Heym. Letzterer war bereits wegen angeblicher Devisenvergehen zu einer Geldstrafe von 9.000 Mark verurteilt worden. Für sie alle bedeutet der Ausschluss ein Berufsverbot, denn nur wer dem Verband angehört, darf veröffentlichen. Die anlässlich des 30. Jahrestages der DDR-Gründung erlassene Amnestie ermöglicht zumindest Rudolf Bahro die Ausreise.

Bruderkuss zwischen Breschnew und Honecker

Mit Fackelzug, Blumen und wehenden Fahnen feiern am 7. Oktober Zehntausende DDR-Bürger im Zentrums Berlins den 30. Republikgeburtstag. Vor jubelnden Paradegästen wird der geschichtsträchtige Bruderkuss zwischen den beiden Staatschefs Erich Honecker und Leonid Breschnew ausgetauscht. Der sowjetische Parteichef hat auch ein Geschenk dabei: Er kündigt den Abzug von 20 000 Soldaten und 1000 Panzern an.

Chronologischer Überblick 1979

Ereignisse in der DDR
1979

In unserem Geburtsjahr feiert unsere Republik ihr 30-jähriges Bestehen. Viel hat sich seit der Gründung 1949 verändert. Erich Honecker bekleidet seit acht Jahren das Amt des Generalsekretärs des ZK der SED und hat als oberster Chef der Republik einiges ins Rollen gebracht. Die DDR muss nicht mehr um internationale Anerkennung kämpfen. Für die meisten Bürger stehen die positiven Entwicklungen im Vordergrund, Regimekritiker und Angehörige der Kirche haben es jedoch noch immer schwer, ihren Platz innerhalb der Systemgrenzen zu finden. Mit der Amnestie für politische Gefangene lockert Honecker jedoch 1979 medienwirksam die Zügel.

JANUAR

01.01.
Erhöhung des Urlaubsanspruchs um mindestens drei Tage

FEBRUAR

05.02.
Der Präsident des Weltfriedensrates verleiht der Hauptstadt der DDR den Titel »Berlin – Stadt des Friedens«.

17.02.
Im Einklang mit der UdSSR verurteilt die DDR den Einmarsch chinesischer Truppen in Vietnam und solidarisiert sich öffentlich mit der Sozialistischen Republik.

24.02.
Erweiterung der 1960 gegründeten Deutschen Astronautischen Gesellschaft (DAG) und Umbenennung in Gesellschaft für Weltraumforschung und Raumfahrt der DDR (GWR)

MÄRZ

30.03.
Das Neubaugebiet **Berlin-Marzahn** wird neunter Stadtbezirk von Ostberlin.

APRIL

11.04.
Eine neue Durchführungsbestimmung verschärft die Journalisten-Verordnung. Einen Monat später wird daraufhin ein ZDF-Korrespondent aus der DDR ausgewiesen.

16.04.
Laut einer neuen Anordnung des DDR-Außenhandelsministeriums dürfen DDR-Bürger fortan in Intershops nicht mehr mit westdeutscher D-Mark einkaufen, sondern nur noch mit Forumschecks.

26./27.04.
10. Tagung des ZK der SED

JUNI

01.–03.06.
Nationales Jugendfestival der FDJ in Berlin, an dem über 500 000 Jugendliche teilnehmen.

07.06.
Stefan Heym und acht weitere Autoren werden aus dem Schriftstellerverband der DDR ausgeschlossen.

28.06.
9. Tagung der Volkskammer

JULI

20.07.
Die DDR nimmt diplomatische Beziehungen zu Nicaragua auf.

28.07.
Im Wappensaal des Roten Rathauses findet erstmals eine Trauung statt.

SEPTEMBER

16.09.
Den Familien *Strelzyk und Wetzel* aus dem thüringischen Pößneck gelingt die Flucht aus der DDR nach Westdeutschland mit einem selbstgebauten **Heißluftballon**.

25.09.
Beschluss über eine Erhöhung der Renten

26.09.
Das größte und modernste Centrum-Warenhaus eröffnet am Berliner Ostbahnhof.

OKTOBER

31.10.
DDR und BRD schließen ein Abkommen über den gegenseitigen Verzicht auf Straßenbenutzungs-gebühren bzw. Kraftfahrzeugsteuern für Lkws und Omnibusse ab.

NOVEMBER

12.–17.11.
Eine DDR-Delegation unter der Leitung von Erich Honecker besucht die DVR Jemen und Äthiopien.

Ereignisse in der BRD
Weltgeschehen 1979

Unser Geburtsjahr beginnt in einem Jahrhundertwinter. Ein Schneesturm und die anhaltende Kältewelle bringen ganz Norddeutschland zum Erliegen. Rügen ist wegen der Schneemassen komplett von der Außenwelt abgeschnitten. Gleichzeitig blickt die Welt auf Kambodscha: Mit dem vietnamesischen Befreiungsschlag wird die Schreckensherrschaft der Roten Khmer beendet. Bis 1978 kostete sie zwei Millionen Menschen, einem Viertel der Bevölkerung, das Leben. Doch auch erfreuliche Ereignisse verfolgen unsere Eltern. Beide deutsche Staaten feiern ihr 30-jähriges Jubiläum.

JANUAR

01.01.
US-Präsident Jimmy Carter nimmt diplomatische Beziehungen zur Volksrepublik China auf und bricht selbige zu Taiwan pro forma ab.

10.01.
Eine Gruppe kambodschanischer Kommunisten und Oppositioneller gründet unter vietnamesischer Kontrolle die Volksrepublik Kampuchea.

FEBRUAR

01.02.
Schiitenführer Ajatollah Chomeini kehrt nach 15 Jahren Exil in den Iran zurück. Zwei Monate später ruft er die Islamische Republik Iran aus.

17.02.
Einmarsch des chinesischen Volksbefreiungsarmee in Vietnam; Beginn des einmonatigen Chinesisch-Vietnamesischen Krieges

12.–23.02.
Erste Weltklimakonferenz in Genf

MÄRZ

05.03.
Die amerikanische Raumsonde Voyager 1 passiert den Jupiter und liefert Fotos vom Planeten und seinen Monden. Am 9. Juli startet die Voyager 2 zur gleichen Expedition.

13.03.
Das Europäische Währungssystem (EWS) tritt in Kraft.

16./17.03.
Gründung des Listenbündnisses Die Grünen in der BRD

26.03.
Unterzeichnung des Israelisch-Ägyptischen Friedensvertrags

MAI

04.05.
Margaret Thatcher wird britische Premierministerin.

21.05.
Elton John startet eine Tournee in der UdSSR mit Konzerten in Leningrad und Moskau.

23.05.
Karl Carstens (CDU) wird fünfter Bundespräsident.

28.05.
Beitritt Griechenlands zur Europäischen Gemeinschaft (EG)

JUNI

02.–10.06.
Papst Johannes Paul II. reist in sein Heimatland Polen.

03.06.
Nach einer Explosion auf der Bohrinsel Ixtoc fließen 3,3 Millionen Barrel Öl in den Golf von Mexiko – bis heute eine der schlimmsten Ölkatastrophen.

18.06.
Leonid Breschnew (r.) und **Jimmy Carter** (l.) unterschreiben in Wien die SALT-II-Verträge zur Begrenzung der nuklear-strategischen Waffensysteme beider Staaten.

JULI

03.07.
Beschluss des Deutschen Bundestags, die Verjährung bei Mord und Völkermord aufzuheben

19.07.
Nicaraguanische Revolution

AUGUST

13.08.
Die **Cap Anamur** nimmt die ersten vietnamesischen Flüchtlinge auf. In einer siebenjährigen Rettungsaktion werden über 11 000 Flüchtlinge vor dem Ertrinken und dem Hungertod gerettet.

27.08.
Lord Mountbatten, Ex-Vizekönig von Indien, und drei weitere Menschen sterben auf dessen Yacht bei einem Bombenanschlag der IRA.

SEPTEMBER

21.09.
Das Zentralafrikanische Kaiserreich wird durch einen Putsch gegen Kaiser Jean-Bédel Bokassa abgeschafft. Bokassas Nachfolger David Dacko ruft wieder die Republik aus.

NOVEMBER

04.11.

Geiselnahme in der US-amerikanischen Botschaft in Teheran, um die Auslieferung des ehemaligen Schahs an den Iran zu erzwingen

20.11.

Die **Große Moschee** in Mekka wird besetzt. Die Geiselnahme Tausender Gläubiger soll den Sturz des saudischen Regimes und die Beendigung von Erdöllieferungen an die USA herbeiführen. Die Besetzung wird zwei Wochen später von der saudischen Armee blutig beendet.

DEZEMBER

12.12.

NATO-Doppelbeschluss zur Nachrüstung von Atomwaffen, was in Ost- und Westdeutschland zu Protestbewegungen führt

18.12.

Das Übereinkommen zur Beseitigung jeder Form von Diskriminierung der Frau wird von den Vereinten Nationen verabschiedet.

Der Autonomiestatus der Region Katalonien wird nach 40 Jahren wiederhergestellt.

21.12.

Rhodesien (ab 1980 Simbabwe) wird wieder britische Kolonie.

22.12.

Ende des zehnjährigen Bürgerkriegs im Baskenland

24.12.

Rudi Dutschke stirbt an den Folgen des 1968 verübten Attentats.

27.12.

Sowjetische Invasion in Afghanistan

Gesellschaft 1979

In der Verfassung ist es verankert: Jeder DDR-Bürger hat das Recht auf Arbeit. Dazu gehört für unsere Elterngeneration auch die Identifikation mit ihrem Arbeitsplatz außerhalb der Werktätigkeit. Er ist neben der Einkommenssicherung auch Dreh- und Angelpunkt ihres sozialen Lebens und spielt für sie insgesamt eine große Rolle. Weil es mehr Arbeiter als Arbeit im Arbeiter-und-Bauern-Staat gibt, kommt es auch vor, dass mehrere Beschäftigte eine Funktion besetzen. Das sorgt zwar für hohe Personalkosten, doch ist es der Pflege der außerbetrieblichen Aktivitäten nur zuträglich. In Volkseigenen Betrieben (VEB) und Brigaden organisiert, wird am 1. Mai mit den Kollegen marschiert, es wird gemeinsam gefeiert, Sport getrieben oder Urlaub gemacht. Die besten Brigaden werden ausgezeichnet und dürfen sich fortan mit schillernden Namen wie »Brigade Karl Marx« schmücken. Als Patenbrigade können die Werktätigen »ihrer« Schulklasse Produktionsabläufe demonstrieren und einen plastischen Einblick in ihren Berufsalltag

Ehrentitel und Auszeichnungen

Zur Motivation werden unterschiedlichste Orden und Abzeichen an tüchtige Arbeiter und Arbeiterinnen verliehen. So kann man bei vorbildhaften Leistungen im Betrieb als »Aktivist der sozialistischen Arbeit« und während der Schulzeit oder Ausbildung als »Jungaktivist« ausgezeichnet werden. Die höchste Ehrung ist der **»Held der Arbeit«**. Ab 1979 werden die Ehrentitel »Verdienter Jurist der DDR« und »Verdienter Wasserwirtschaftler der DDR« verliehen.

Schüler und Schülerinnen besuchen die Werktätigen des VEB Druckguss- und Kolbenwerke Harzgerode (1986)

vermitteln. Das soll Anreize schaffen und den Kindern das Arbeitsleben schmackhaft machen.

Ein DDR-Bürger verdient in unserem Geburtsjahr durchschnittlich rund 1.000 Mark bei einer Fünf-Tage-Woche mit 43,75 Wochenstunden. Das sind rund 700 Mark mehr als im Jahr der Republikgründung. Für Mütter und Schichtarbeiter ist 1976 die 40-Stunden-Woche eingeführt worden. Der Grundurlaub für alle beträgt 15 Werktage, der Schwangerschafts- und Wochenurlaub 26 Wochen. Mütter mit zwei Kindern, die ihr Kind bis zum ersten Lebensjahr selbst betreuen, können von der Arbeit freigestellt werden und erhalten in dieser Zeit Krankengeld (mindestens 300 Mark). Anspruch auf Altersrente (Mindestrente = 170 Mark) haben Frauen ab Vollendung des 60. Lebensjahres, Männer erst ab Vollendung des 65. Lebensjahres, und zwar wenn sie mindestens 15 Jahre lang einer versicherungspflichtigen Tätigkeit nachgegangen sind. Für Frauen mit mehr als zwei Kindern verringert sich die Mindestdauer der versicherungspflichtigen Tätigkeit ab dem dritten und bei jedem weiteren Kind um jeweils ein Jahr.

Alltag 1979

Schlange stehen vor den Geschäften gehört weiterhin zum Alltag. Lebensmittel und Waren des täglichen Bedarfs werden im HO-Laden (der Handelsorganisation) oder im Konsum (der Konsumgenossenschaften) eingekauft. Beide betreiben mit Centrum bzw. Konsument auch eigene Kaufhäuser.

Wer Westgeld besitzt, kann sich auch ohne anzustehen die Einkaufstaschen füllen. Rund 300 Intershops in der Republik bieten Waren aus dem kapitalistischen Nachbarland für horrende Preise feil. So mancher Traum erfüllt sich dort vom Weihnachtsgeld der Westtante: eine Schallplatte, Westschokolade, ein Kassettenrekorder oder Lego und Monchichis für den Nachwuchs. Wer kein Westgeld besitzt und Begehrlichkeiten außerhalb des HO- und Konsum-Sortiments entwickelt, wird in Exquisit- oder Delikat-Läden fündig. Hier kauft der Durchschnittsbürger schon mal für besondere Anlässe ein oder ist auf der Suche nach einem exklusiven Geschenk. In den Exquisit-Läden der Republik wird Bekleidung und Kosmetika angeboten, das

Forumschecks

Seit dem 16. April 1979 dürfen DDR-Bürger keine Devisen mehr besitzen und müssen ihr Westgeld zur Staatsbank bringen und gegen sogenannte Forumschecks umtauschen. Eine Forumscheck-Mark entspricht einer westdeutschen Mark. Die kleinste Einheit sind 50 Forumscheck-Pfennig. Kleinere Beträge werden meist in Form von Schokolade oder Lutschern à 10 Pfennig erstattet. Die Forumschecks können nur im Intershop eingelöst werden.

Sortiment der Delikat-Läden hält Nahrungs- und Genussmittel aus DDR-Produktion, aber auch Exportwaren bereit. Die Auswahl ist groß. Eine Dose Ananas kostet zum Beispiel 14,50 Mark, eine Flasche Whiskey stolze 80 Mark.

Auch wenn nicht alle Bürger in Exquisit-, Delikat-Läden oder Intershops einkaufen gehen können, geht es den Menschen Ende der 1970er Jahre gut. Der Lebensstandard in der DDR ist gestiegen, und die Regierung bekommt allmählich auch den Mangel an Wohnraum in den Griff. In allen Ballungsgebieten der Republik entstehen Trabantenstädte. Zwar dauert es oft noch Jahre, bis aus den hastig hochgezogenen Siedlungen ansehnliche, gut angebundene Wohngebiete werden, doch sind die Menschen glücklich, wenn sie eine der begehrten Neubauwohnungen bekommen. Viele Wohnungen werden noch während der Bauarbeiten bezogen. Die kleine Küche mit praktischen Sprelacart-Möbeln, einem Elektroherd und einer Spüle wird mit der Miete abbezahlt. Schrankwand und Regalsystem sind unentbehrliche Anschaffungen.

Unverheiratete und Alleinstehende haben kaum Chancen auf eine

Kindergartengruppe im entstehenden Neubaugebiet Rostock-Schmarl (1979)

Wohnung. Verheiratete Paare hingegen bekommen als potentielle Familie zur Hochzeit sogar einen zinslosen Ehekredit in Höhe von 5.000 Mark (ab 1986 7.000 Mark), der in 50-Mark-Monatsraten abbezahlt oder mit der Geburt des dritten Kindes vollständig »abgekindert« werden kann. Kinderkrippen, Schulen, Spielplätze, HO-Läden und Polikliniken sind in allen Neubaugebieten zahlreich vorhanden und zu Fuß für jeden schnell erreichbar.

Mode 1979

Pelz in allen Formen und Färbungen ist ein Saisonschlager.

Aus Mangel an Stoffen, Tüchern und Garnen haben Chemiefasern den Modemarkt der DDR erobert. Sie heißen Grisuten, Präsent 20, Lederol, Lurex oder Voltex. Allgegenwärtig und wirklich in jedem Haushalt zu finden ist allerdings die **Dederon-Kittelschürze**. Kaum atmungsaktiv, aber dafür knitterfrei kommt sie in etlichen Farben und fantasievollen Mustern daher. Alltagstauglich und zugleich elegant soll die Kleidung der zeitgemäßen DDR-Frau sein.

Die bevorstehenden 1980er Jahre läuten eine neue Modeära ein. Nachdem für die modebewusste Dame in den vergangenen Jahrzehnten der Fokus auf enger und figurbetonter Kleidung lag, verändert sich die Silhouette zum Ende der 1970er Jahre hin allmählich. Die Schultern werden zunehmend betont und der Rest der Garderobe umspielt entweder in groben Falten oder weich fließend den Körper. Anzugjacken, Blusen und Nickis können nicht groß genug sein. Diese Oversize-Mode wird künftig immer populärer. Auch die Hosen werden bequemer und weiter. Bundfalten sind in! Meist sind die Beinkleider knöchellang und werden mit

Herrenmode

Auch bei der Herrengarderobe geht es etwas lässiger zu. Zwar sind die Anzüge immer noch tailliert, doch kommt die Kombination von Sakko und Hose aus unterschiedlichen Materialien oder Farben in Mode. Der modebewusste Herr trägt für feierliche Anlässe Ende der 1970er meist einen Freizeit-Parka und ein Seidenblouson.

hochhackigen Schuhen kombiniert. Ansonsten trägt Frau Stiefel, ob Sommer oder Winter, ob Leinen, Jeansstoff oder Kunstleder. Hosen und Röcke sind gleichermaßen beliebt.

Wer nicht mehr den Trends der vergangenen Jahre mit seinen folkloristischen Kleidern, Schlaghosen, engen Blusen, den Mini- oder Maxiröcken nachhängen will, greift selbst zur Nähmaschine. Zwar versucht die Parteiführung seit 1968 mit einer eigenen Bekleidungslinie für Teenager die Sehnsüchte der Jugendlichen nach frischer Mode zu stillen, doch hinkt »Jumo« meist hinter den Trends des Westens hinterher. Das Underground-Modelabel **chic, charmant und dauerhaft** (CCD) und später Allerleirauh entstehen und bringen ihren Protest gegen die Gleichmacherei in der Gesellschaft mit selbstentworfenen und -genähten Modelinien zum Teil hergestellt aus Verbrauchsmaterialien zum Ausdruck. Die schrillen, verrückten und einzigartigen Modelle werden oft nur illegal auf Hinterhof-Modenschauen gezeigt und verkauft.

Wer erlesenere Textilien, Kosmetika, Schmuckstücke oder Schuhe einkaufen will, wird im Exquisit fündig. Hier wird aus dem Westen importierte und qualitätsvolle selbstproduzierte Kleidung zu hohen Preisen verkauft. Es ist nicht unüblich, dass für eine schicke Hose ein Monatsgehalt draufgeht. Die allermeisten können sich das nur selten leisten.

Frisuren

Frauen tragen ihre Haare 1979 gern als Kurzhaarfrisur. Im Rahmen dessen wird gefönt, toupiert, eingedreht und vor allem immer häufiger gefärbt. Und die **Dauerwelle** ist auf dem Vormarsch – auch bei Männern. Herren tragen jedoch meist gestufte, etwas längere Haare. Der langbärtige Hippielook verschwindet allmählich aus dem Straßenbild der DDR. Dafür ziehen Punks ihre Blicke auf sich und provozieren mit ihren Stachelköpfen oder Irokesen verständnisloses Kopfschütteln bei der älteren Generation.

Schlager,
Stars und Sternchen
1979

Beliebte Chart-Hits
1979

Patrick Hernandez »Born To Be Alive«

Art Garfunkel »Bright Eyes«

Sister Sledge »We Are Family«

Kiss »I Was Made For Lovin' You«

Village People »Y. M. C. A.«

Supertramp »The Logical Song«

ABBA »Gimme! Gimme! Gimme!«

The Knack »My Sharona«

Electric Light Orchestra »Don't Bring Me Down«

Cheap Trick »I Want You To Want Me«

Donna Summer »Bad Girls«

Gloria Gaynor »I will survive«

DDR-Hits
1979

Puhdys »Doch die Gitter schweigen«

Stern-Combo Meißen »Die Sage«

Karat »Wenn das Schweigen bricht«

Karussell »Autostop«

Jürgen Hart »Sing, mei Sachse, sing«

Magdeburg »Was wird morgen sein«

Lift »Scherbenglas«

Veronika Fischer »Weihnachten wieder daheim«

Frank Schöbel »Christina«

Holger Biege »Nimm mich so«

Gerd Christian »Sag ihr auch«

Berluc »Feuer in der Welt«

»SAGTE MAL EIN DICHTER«

1952 in Greifswald geboren, studiert **Holger Biege** nach mehreren abgebrochenen Ausbildungen Klavier und Gesang an der Musikhochschule Friedrichshain in Berlin. Als 23-Jähriger wird er Mitglied der Schubert-Band. Erste Auftritte in Polen, der ČSSR und Westberlin folgen. Seine tiefgründigen Texte und raffinierten Arrangements machen ihn in der DDR als Liedermacher immer populärer. 1978 erscheint bei Amiga sein erstes Album *Wenn der Abend kommt*, das Bieges wohl bekanntesten Titel »Sagte mal ein Dichter« enthält. 1979 veröffentlicht er *Circulus* und verhilft im selben Jahr auch seinem Bruder Gerd Christian mit der Komposition für »Sag ihr auch« zu dessen Durchbruch. Das Stück wird zum Schlager des Jahres gewählt und zu einer der am häufigsten gecoverten DDR-Balladen. Für seine eigenen Alben wird Holger Biege von der Jugendzeitschrift *neues leben* zweimal in Folge zum »Interpreten des Jahres« gewählt und spielt rund 200 Konzerte im Jahr. Mit »Sonnenmeer« veröffentlicht er 1981 seine letzte Single in der DDR. Nach einem Gastspiel in Westberlin 1983 kehrt er nicht mehr zurück. Mit seiner Familie zieht er nach Hamburg, doch der große Erfolg im Westen bleibt aus. Er arbeitet als Arrangeur und Sachverständiger für Musikverlage. *Das eigene Gesicht* wird 1984 sein erstes Westalbum. Nach der Wende tourt er als Solokünstler durch die DDR und veröffentlicht mehrere CDs. Eine geplante Tournee anlässlich seines 60. Geburtstages kann er wegen eines Schlaganfalls nicht antreten. Zu seinem 65. Geburtstag erscheint sein Liederbuch *Deine Liebe und mein Lied* mit Texten, Liedern und Noten. Am 25. April 2018 stirbt Holger Biege, seine Musik aber ist unsterblich.

Weitere Alben:

Leiser als laut (1994)
Die schönsten Balladen (1996)
Zugvögel (1997)
Lieder atmen, Lieder tanken (live) (2001)

Ein musikalisches Brüderpaar: Gerd Christian und Holger Biege

Stars 1979

Eine Volksschauspielerin mit komischem Talent

Mit 17 Jahren nimmt **Marianne Wünscher** (1930–1990) erstmals Schauspielunterricht und arbeitet später beim Berliner Rundfunk als Nachrichten- und Hörspielsprecherin. Mit der Bühnenreife in der Tasche steht die Berlinerin 1951 in *Baller kontra Baller* von Karl Veken am Deutschen Theater das erste Mal auf Bühnenbrettern. Nach Engagements am Theater am Schiffbauerdamm und am Berliner Ensemble wechselt sie 1954 zur Berliner Volksbühne, wo sie bis zu ihrem Tod Ensemblemitglied ist. Mit ihrem DEFA-Debüt 1954 in *Kein Hüsung* spielt sie zudem unzählige Nebenrollen in vor allem Filmkomödien. Ab den 1980er Jahren wird sie zunehmend auch als Charakterschauspielerin in Theater und Fernsehen geschätzt und übernimmt Mutter- und Großmutterfiguren. Die sympathische und verschmitzte Schauspielerin verkörpert meist Frauen aus dem einfachen Volk und ist nicht zuletzt deshalb bei den Zuschauern so beliebt. Beim Theater spielt sie insgesamt 125 Figuren im komischen wie im ernsten Fach. Die Wünscher interpretiert auch Chansons. Für ihre künstlerischen Leistungen wird sie 1971 mit dem Kunstpreis der DDR und 1977 mit dem Nationalpreis der DDR II. Klasse ausgezeichnet und 1974 und 1975 als DDR-Fernsehkünstler des Jahres geehrt. Auch politisch ist die Schauspielerin aktiv. Zwischen 1977 und 1981 ist sie für die LDPD Berliner Stadtverordnete.

Einige ihrer zahlreichen DEFA- und TV-Filme:

- *Verwirrung der Liebe* (1959)
- *Heißer Sommer* (1967)
- »Aber Vati!« (1974 und 1978/79)
- »Polizeiruf 110« (1977, 1978, 1982, 1986, 1987)

Beliebte Filme/Serien 1979

Am 17. Mai findet die Premiere des Gegenwartsdramas ***Bis dass der Tod euch scheidet*** (Regie: Heiner Carow) statt. In der Hauptrolle debütiert die damals 23-jährige **Katrin Sass**.

Im Fernsehen der DDR wird am 27. Mai ***Plantagenstraße 19*** (Regie: Helmut Krätzig) mit Erwin Geschonneck, Annekathrin Bürger und Horst Drinda gezeigt. Der Film rückt die Bewohner eines Mietshauses in Ostberlin und ihre verschiedenen Weltanschauungen in den Fokus.

Der Abenteuerfilm ***Alaska-Kids großer Coup*** nach einer Erzählung von Jack London (Regie: Klaus Grabowsky) wird erstmals am 12. Juni im DDR-Fernsehen ausgestrahlt. Hauptfiguren sind die Goldgräber Kid (Peter Reusse) und Shorty (**Edwin Marian**).

Am 6. Juli feiert der DEFA-Märchenfilm ***Schneeweißchen und Rosenrot*** (Regie: Siegfried Hartmann) im Erfurter Panorama-Palast-Theater Premiere.

Fünf Jahre nach Ausstrahlung des Dreiteilers »Aber Vati!« wird am 25. August die Fortsetzung **»Aber Vati – Fünf Jahre danach«** (Regie: Klaus Gendries) im Fernsehen der DDR ausgestrahlt.

Anderer Leute Kinder (Regie: Ursula Bonhoff) behandelt den Alltag von Jugendlichen im Heim und deren Erziehern. Das Fernsehspiel von Anne Dessau wird erstmals am 18. November gesendet.

Der DEFA-Indianerfilm ***Blauvogel*** (Regie: Ulrich Weiß), basierend auf dem gleichnamigen Roman von Anna Jürgen, läuft am 14. Dezember in den Kinos der DDR an.

Film international 1979

Die Blechtrommel
(BRD) Regie: Volker Schlöndorff
mit David Bennent, Mario Adorf und Angela Winkler

Alien (USA) Regie: Ridley Scott
mit Sigourney Weaver und Tom Skerritt

Hinter dem Rampenlicht
(USA) Regie: Bob Fosse
mit Roy Scheider und Jessica Lange

James Bond 007 – Moonraker (USA)
Regie: Lewis Gilbert
mit Roger Moore und Corinne Cléry

Madita (SWE) Regie: Göran Graffman
mit Jonna Liljendahl und Björn Granath

Eis am Stiel 2 – Feste Freundin (ISR)
Regie: Boaz Davidson
mit Jesse Katzur, Jonathan Segal und Zachi Noy

Flucht von Alcatraz (USA)
Regie: Don Siegel
mit Clint Eastwood

Das Leben des Brian (GB)
Regie: Terry Jones
mit Graham Chapman, Michael Palin, John Cleese und Terry Gilliam

Kunst / Literatur 1979

Den Nationalpreis der DDR I. Klasse für Kunst und Literatur erhalten unter anderem der Schauspieler und Sänger **Ernst Busch** (1900–1980) »für seinen hervorragenden Beitrag zur Entwicklung der sozialistischen Nationalkultur der DDR« und der Maler und Grafiker **Willi Sitte** (1921 bis 2013) »für seinen hervorragenden Beitrag zur Entwicklung der sozialistisch-realistischen Malerei«.

Den Literatur-Nobelpreis erhält der griechische Lyriker **Odysseas Elytis** (1911–1996).

1979 erscheint ***Die unendliche Geschichte*** von Michael Ende und wird zu einem Bestseller der fantastischen Literatur wie auch zu einem Klassiker der deutschen Jugendbuchliteratur.

Weitere Neuerscheinungen:

Max Frisch: *Der Mensch erscheint im Holozän*
Christa Wolf: *Kein Ort. Nirgends*
Milan Kundera: *Das Buch vom Lachen und Vergessen*
Hans Weber: *Einzug ins Paradies*

Am 7. April stirbt der Schriftsteller **Bruno Apitz** drei Wochen vor seinem 79. Geburtstag in Berlin. Schon als Jugendlicher ist Apitz ein Anhänger Karl Liebknechts und schreibt Gedichte. Immer wieder bringt dem gelernten Stempeldrucker seine politische Gesinnung Haftstrafen ein, unter den Nazis wird er ins KZ Buchenwald deportiert, das er überlebt. Er wird Gründungsmitglied der SED und Feuilletonist bei der *Leipziger Volkszeitung*. Erst 1958 erscheint Apitz' erstes Buch *Nackt unter Wölfen*, die wahre Geschichte eines jüdischen Kindes, das von kommunistischen Häftlingen des KZ Buchenwalds gerettet wird. Der Roman wird in 30 Sprachen übersetzt und erreicht eine Gesamtauflage von über zwei Millionen. DEFA-Regisseur Frank Beyer verfilmt den Stoff 1963. Das Frühwerk von Apitz ist nicht mehr erhalten, mit seinem Spätwerk kann er an den Erfolg seines Erstlings nicht anknüpfen.

In der DDR wird Bruno Apitz' (r.) *Nackt unter Wölfen* Schullektüre.

Bühne 1979

Am 30. Januar findet die Uraufführung von **Heiner Müller**s ***Die Hamletmaschine*** im Théâtre Gérard Philipe in Paris statt.

Am 22. April wird Volker Brauns Schauspiel ***Großer Frieden*** (Regie: Manfred Wekwerth/Joachim Tenschert) am Berliner Ensemble uraufgeführt. Das Fernsehen der DDR zeichnet die Aufführung auf.

Rosa Laub von Waldtraut Lewin und Horst Krüger ist die erste Rockoper der DDR. Sie wird am 6. Juli im Volkstheater Rostock erstmals in Szene gesetzt.

Beginn der »Theater-Entdeckungen« am Mecklenburgischen Staatstheater in Schwerin: Theaterdirektor und Regisseur Christoph Schroth präsentiert dort am 5. Oktober Goethes ***Faust* I und II** an einem Abend.

Geburtstage 1979

Geburtstage
berühmter Persönlichkeiten

1979, in unserem Geburtsjahr, werden mit uns Menschen geboren, aus denen später prominente Persönlichkeiten werden. Diese Schauspieler, Musiker und Entertainer begleiten uns bis heute in Funk und Fernsehen. Mit ihnen werden liebgewordene Erinnerungen wach. Bekannte Politiker, Schriftsteller, bildende Künstler und Sportler erblicken wie wir das Licht der Welt und gestalten die Geschichte mit. Sie werden zu guten Bekannten, die mit ihren individuellen Beiträgen unser Leben bereichern.

04.01.
Kevin Kuske
BOBSPORTLER

07.01.
Christian Lindner

10.01.
Maximilian Brückner

13.01.
Joko Winterscheidt

16.01.
Aaliyah († 2001)

19.01.
Svetlana Chorkina

29.01.
Sarah Kuttner
MODERATORIN
UND AUTORIN

31.01.
Jenny Wolf
EISSCHNELLLÄUFERIN
Felix Sturm

09.02.
David Gray

13.02.
Rafael Márquez

16.02.
Valentino Rossi

17.02.
Alexander Naumann
SCHACHSPIELER

12.03.
Pete Doherty

12.03.
Enrico Kern
FUSSBALLSPIELER

13.03.
Jens Filbrich
SKILANGLÄUFER

30.03.
Norah Jones

04.04.
Heath Ledger (†)

05.04.
Timo Hildebrand

06.04. Britta Kamrau
SCHWIMMERIN

10.04.
Sophie Ellis-Bextor

12.04.
Claire Danes

18.04.
Kourtney Kardashian

19.04.
Kate Hudson

04.05. Mieze Katz
SÄNEGERIN

13.05.
Carl Philip von Schweden

19.05.
Diego Forlán

19.05.
Andrea Pirlo

20.05.
Jana Pallaske
SCHAUSPIELERIN

29.05.
Arne Friedrich

05.06.
David Bisbal

12.06.
Robyn

21.06.
Chris Pratt

01.07.
Enrico Sonnenberg (†)
MOTORRADFAHRER

25.07.
Stefanie Hertel
SÄNGERIN UND MODERATORIN

26.07.
Ronny Ziesmer
TURNER

02.08.
Susanne Bormann
SCHAUSPIELERIN

03.09.
Júlio César

08.09.
Pink

17.10.
Kimi Räikkönen

20.10.
Katharina Schüttler

14.11.
Mavie Hörbiger
Olga Kurylenko

02.12.
Yvonne Catterfeld
SÄNEGERIN UND SCHAUSPIELERIN

04.12.
Maite Kelly

Beliebteste Namen
1979

Anja	**1.**	Christian
Nicole	**2.**	Daniel
Sandra	**3.**	Thomas
Nadine	**4.**	Michael
Mandy	**5.**	Andreas
Katja	**6.**	Sebastian
Claudia	**7.**	Marcel
Katrin	**8.**	Robert
Jana	**9.**	Sven
Doreen	**10.**	Ronny

Dies und das
1979

Die **Rauchschwalbe** *(Hirundo rustica)* ist Vogel des Jahres.

Eine nach Süden ausgerichtete Weltkarte, die **Universal Corrective Map of the World** des Australiers Stuart McArthur, erscheint.

Im Internationalen Jahr des Kindes präsentiert die Gruppe Bee Gees am 9. Januar bei einem **UNICEF-Konzert** ihren Song »Too Much Heaven« und spendet dem Kinderhilfswerk auch die gesamten Einnahmen, die das Lied erzielt.

Ein Kabelbrand löst am 6. Februar in der Bremer Rolandmühle die **größte Staubexplosion** durch Mehlstaub in der deutschen Geschichte aus. Es sterben 14 Menschen, 17 werden zum Teil schwer verletzt. Der Sachschaden beträgt mehr als 100 Millionen DM.

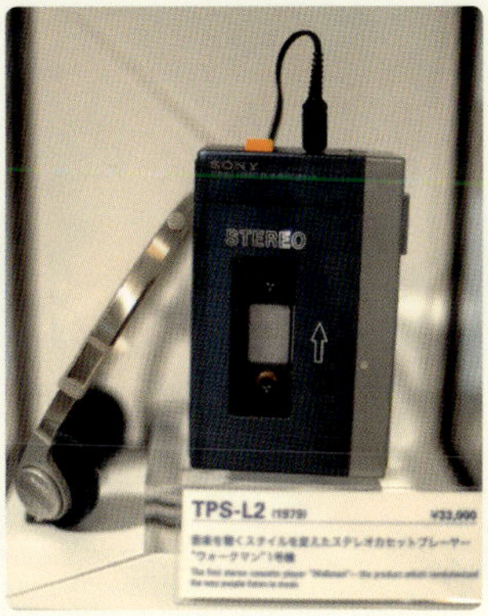

Die japanische Firma Sony bringt am 1. Juli den weltweit ersten **Walkman** namens TPS-L2 auf den Markt.

Die Bergsteiger **Reinhold Messner und Michael Dacher** erreichen am 12. Juli in Rekordzeit als erste Menschen ohne Sauerstoffgeräte den Gipfel des K2, des zweithöchsten Berges der Welt, auf der Grenze zwischen Pakistan und China gelegen.

Sport
1979

Sportereignisse
1979

Sport besitzt in unserer Republik einen hohen Stellenwert. Bei Spartakiaden, Wettbewerben und Turnieren wird schon den Kleinsten – im Kindergarten und in der Schule – Kampfgeist antrainiert. Dabei kommt es neben dem Spaß und der Ertüchtigung vor allem auf die Erfolge an. Diverse Abzeichen, Wimpel und Pokale warten stets auf neue Ehrungen. Turnhallen, Sportplätze und Schwimmbäder sind zahlreich vorhanden, und staatlich geförderte Sportgemeinschaften (SG) und Betriebssportgemeinschaften (BSG) erfreuen sich großer Beliebtheit. Wer sich einmal nicht selbst ertüchtigt, verfolgt zu Hause im Radio oder Fernseher die herausragenden Leistungen der Spitzensportler unseres Landes.

Wintersport

Vom 26. bis 28. Januar findet am bayerischen Königsee die **Rennrodel-Weltmeisterschaft** statt. Melitta Sollmann im Einsitzer bei den Frauen und Dettlef Günther bei den Männern aus der DDR gehen als Sieger hervor. Im Doppelsitzer der Männer werden Hans Rinn und Norbert Hahn aus der DDR Zweite.

Bei der **Bob-Europameisterschaft** im westfälischen Winterberg gewinnen Bernhard Germeshausen und Hans-Jürgen Gerhardt das Zweier-Bob-Rennen am 27./28. Januar, das Vierer-Bob-Rennen am 3./4. Februar kann das DDR-Team I (Nehmer, Babock, Germeshausen und Gerhardt) für sich entscheiden.

Bei der **Biathlon-Weltmeisterschaft** in Ruhpolding holt sich **Klaus Siebert** aus Schlettau den Titel über 20 Kilometer in 1:07:40,13 Stunden.

Fußball

In der Saison 1978/79 der DDR-Oberliga wird erstmals der **Berliner FC Dynamo** Meister und setzt sich gegen den Meister der Vorjahre SG Dynamo Dresden durch.

Meister der deutschen **Fußball-Bundesliga** wird der Hamburger SV.

Radsport

Wie im Jahr zuvor gewinnt der Franzose Bernard Hinault die (66.) **Tour de France**. Der Holländer Joop Zoetemelk wird mit 13 Minuten Unterschied Zweiter.

Sieger des 62. **Giro d'Italia** wird der Italiener Giuseppe Saronni.

Handball

In der Saison 1978/79 der **Handball-Oberliga** der DDR wird der SC Leipzig zum dritten Mal Meister.

Formel 1

Sieger der 30. Automobil-Weltmeisterschaft am 7. Oktober wird der Südafrikaner **Jody Scheckter** vom Team Ferrari, sein Team-Kollege Gilles Villeneuve Zweiter. Ferrari wird zum sechsten Mal Konstrukteursweltmeister.

Beim Internationalen Chemiepokalturnier in Halle (Saale) gratuliert der Kubaner Teófilo Stevenson (l.) nach gewonnenem Kampf seinem Kontrahenten Jürgen Fanghänel (r.) zu seiner couragierten Vorstellung.

Boxen

Bei den 31. DDR-Meisterschaften im Boxen vom 5. bis 9. Dezember in Frankfurt (Oder) werden Kämpfe in elf Gewichtsklassen ausgetragen. Der ASK Vorwärts Frankfurt/O. geht mit vier Titeln als erfolgreichster Verein aus der Meisterschaft hervor. Der Schwergewichtler **Jürgen Fanghänel** von der SG Wismut Gera verteidigt als Einziger seinen Titel aus dem Vorjahr.

Tischtennis

In Nordkoreas Hauptstadt Pjöngjang findet vom 25. April bis 6. Mai die 35. **Tischtennisweltmeisterschaft** statt. Bemerkenswert ist der Sieg der Ungarn mit dem mehrfachen Weltmeister István Jónyer an der Spitze, die die Titelfavoriten aus China mit einem 5:1-Finalsieg vom ersten Platz verdrängen.

Schwimmen

Die 30. DDR-Meisterschaften im Schwimmen werden vom 2. bis 5. August in Brandenburg an der Havel ausgetragen. Auf 29 Strecken (15 Herren / 14 Damen) werden die Meister ermittelt – letztmalig in einem Freiwasserbecken.

Der SC Dynamo Berlin ist mit zehn Titeln die erfolgreichste Mannschaft, Detlev Grabs und **Barbara Krause** vom SC Dynamo Berlin sowie Jörg Walter vom SC Turbine Erfurt sind die erfolgreichsten Sportler dieser Meisterschaft.

Leichtathletik

Vom 24. bis 26. August wird der **Leichtathletik-Continentalcup** im kanadischen Montreal ausgetragen. Die Frauenmannschaft der DDR erreicht Platz eins, die DDR-Männermannschaft Platz drei hinter den USA und Europa.

Leichtathletik-Weltrekorde 1979

1500 m (Herren): 15.04.
Sebastian Coe (GB): 3:32,0 min

110 m Hürden (Herren): 06.05.
Renaldo Nehemiah (USA): 13,00 s

Marathon (Damen): 21.05.
Grete Waitz (Norwegen): 2:27:32 h

200 m (Damen): 10.06.
Marita Koch (DDR): 21,71 s

Sperrwurf (Damen): 13.06.
Ruth Fuchs (DDR): 69,52 m

20 km Gehen (Herren): 09.07.
Reima Salonen (Finnland): 1:21:01 h

400 m (Damen): 04.08.
Marita Koch (DDR): 48,6 s

100 m Hürden (Damen): 18.07.
Grażyna Rabsztyn (Polen): 12,48 s

400 m Hürden (Damen): 27.07.
Marina Makejewa (UdSSR): 54,78 s

400 m (Damen): 29.08.
Marita Koch (DDR): 48,60 s

200 m Hindernis (Herren): 12.09.
Pietro Mennea (Italien): 19,72 s

800 m (Herren): 05.12.
Sebastian Coe (GB): 1:42,3 min

Ereignisse 1980-1989

Unser erstes Lebensjahrzehnt

Unsere ersten zehn Lebensjahre verbringen wir unbeschwert in der DDR und wachsen ohne große Sorgen auf. Wir bekommen in der Zeit wenig von den politischen und gesellschaftlichen Veränderungen in unserem Land mit. Stolz nehmen wir an 1.-Mai-Demonstrationen teil und sind begeisterte Jungpioniere. Ein Ereignis ist jedoch auch für uns einschneidend und beeinflusst unsere Zukunft. Wir sind zehn Jahre alt, als die Mauer fällt. Seitdem ändert sich vieles für uns und unsere Familie schlagartig. Dieser Einschnitt, aber auch andere Geschehnisse bleiben uns im Gedächtnis und machen uns bewusst, in welch wechselvoller und ereignisreicher Zeit wir heranwachsen.

1980

01.01.
Die DDR wird für zwei Jahre Mitglied des UN-Sicherheitsrats.

14.04.
Vietnam entsendet Vertragsarbeiter in die DDR.

10.11.
Staatsbesuch Erich Honeckers in Österreich

1981

14.06.
Die 8. Volkskammerwahl endet mit 99,86 Prozent für die Einheitsliste der Nationalen Front.

26.06.
Letztes streng geheimes Todesurteil der DDR-Justiz gegen den MfS-Hauptmann Werner Teske wegen versuchter Republikflucht

01.10.
»Kanzlerspion« Günter Guillaume wird bei einem Agentenaustausch aus der Haft in die DDR entlassen.

11.–13.12.
Nach mehrmals verschobenen Treffen besucht Bundeskanzler **Helmut Schmidt** (l.) die DDR.

1982

08.–10.01.
Musikfestival »Rock für den Frieden« im Palast der Republik

15.07.
Beginn der Stationierung mobiler SS-21-Kurzsstreckenraketen durch die UdSSR in der DDR

25.08.
Erich Honecker wird Ehrenbürger von Berlin.

10.11.
Tod Leonid Breschnews

12.11.
Juri Andropow wird Generalsekretär der KPdSU.

1983

01.01.
Das **Filmmuseum Potsdam** eröffnet im ehemaligen Marstall.

14.02.
Friedensdemonstrationen in Dresden

17.04.
Günter Mittag besucht die Messe in Hannover und reist dann nach Bonn weiter. Helmut Kohl empfängt ihn nicht, weil wenige Tage zuvor ein Transitreisender bei der Vernehmung durch DDR-Sicherheitsorgane an Herzversagen starb.

21.04.
Wiedereröffnung der restaurierten **Wartburg** zum 500. Geburtstag von Martin Luther

29.06.
Die DDR erhält einen von Franz Josef Strauß vermittelten Kredit über eine Milliarde D-Mark, für den die Bundesregierung Bürgschaft übernimmt.

24.07.
Treffen von Franz Josef Strauß mit Erich Honecker am Werbellinsee

15.09.
Erich Honecker empfängt den Bürgermeister von Westberlin Richard von Weizsäcker im Schloss Schönhausen.

25.10.
Udo Lindenberg tritt im Palast der Republik auf.

12.12.
Verhaftung von Bärbel Bohley und Ulrike Poppe von der Initiative »Frauen für den Frieden«. Proteste bewirken, dass sie am 24. Januar wieder freigelassen werden.

1984

13.01.
Weil die Gruppe BAP die Zensurforderungen der DDR ablehnt, wird ein geplantes Konzert kurzfristig abgesagt.

08.02.
Erich Honecker übergibt die zweimillionste Wohnung seit dem Wohnungsbauprogramm von 1971 am Berliner Arkonaplatz an eine Familie.

09.02.
Der sowjetische Staatschef Juri Andropow stirbt.

13.02.
Konstantin Tschernenko wird neuer Staatschef der Sowjetunion.

27.04.
Feierliche Neueröffnung des renovierten Friedrichstadt-Palastes

08.05.
Die FDJ sagt eine geplante Tournee von Udo Lindenberg ab, weil dieser sein Programm nicht nach den Vorstellungen der Funktionäre gestalten möchte.

10.05.
Die DDR verzichtet auf die Teilnahme an den **Olympischen Spielen** in Los Angeles, da die USA den Olympischen Spielen in Moskau fernblieben.

18.02.
Bei den Olympischen Winterspielen in Sarajevo erreicht die Mannschaft der DDR Platz eins des Medaillenspiegels.

Eisschnellläuferin Karin Enke holt in Sarajewo für die Mannschaft der DDR zwei Gold- und zwei Silbermedaillen.

27.05.
Vorübergehende Schließung der Ständigen Vertretung der Bundesrepublik in der DDR. Mehr als 50 DDR-Bürger halten sich dort auf, um ihre Ausreise zu erzwingen.

04.10.
DDR-Bürger versuchen über die Botschaften der BRD in Prag, Bukarest, Warschau und Budapest auszureisen.

1985

13.02.
Wiedereröffnung der restaurierten Semperoper in Dresden

10.03.
Der sowjetische Staatschef Konstantin Tschernenko stirbt.

25.11.
Für den abgesetzten Konrad Naumann wird Günter Schabowski Erster Sekretär der SED-Bezirksleitung Berlin.

1986

17.–21.04.
Michail Gorbatschow spricht auf dem XI. Parteitag der SED von Abrüstung und mahnt zur Selbstkritik.

26.04.
Explosion eines Reaktorblocks im Atomkraftwerk Tschernobyl bei Kiew, durch die große Mengen radioaktiven Materials freigesetzt werden und mit der Luft gen Westen ziehen. Die SED-Führung verharmlost das Geschehen und versichert, dass keine Gefahr bestehe.

11.03. **Michail Gorbatschow** wird neuer Parteisekretär der KPdSU. Gleich zu Beginn seiner Amtszeit beschließt er »Maßnahmen zur Überwindung der Trunksucht und des Alkoholismus« in der Sowjetunion.

15.09.

Vor dem DDR-Umweltministerium in Berlin demonstriert die Umweltorganisation Greenpeace gegen die Salzeinleitung der Kalibergwerke der DDR in die Werra. Die Aktion wird nach wenigen Minuten von Volkspolizisten beendet, die Greenpeace-Aktivisten werden in den Westteil der Stadt abgeschoben.

10./11.11.

Gorbatschow kündigt auf dem Gipfeltreffen der Mitgliedsstaaten des Warschauer Paktes eine Liberalisierung der sowjetischen Osteuropapolitik an. Er eröffnet den Ländern die Möglichkeit zu mehr Demokratisierung und Selbstverantwortung.

1987

09.01.

Zur **750-Jahr-Feier** Berlins wird das Bode-Museum nach Renovierung wiedereröffnet.

27.01.

Auf dem Plenum des ZK der KPdSU kündigt Michail Gorbatschow seine Pläne für einen Umbau (»Perestroika«) und eine größere Transparenz (»Glasnost«) der sowjetischen Gesellschaft an.

05.02.

Markus Wolf scheidet auf eigenen Wunsch aus dem Ministerium für Staatssicherheit (MfS) aus.

09.03.

In der Berliner Werner-Seelenbinder-Halle beginnt Peter Maffay eine Tournee durch die DDR.

28.05.

Mathias Rust landet am Tag der Grenzstreitkräfte mit einer Cessna auf dem Roten Platz in Moskau.

06.–09.06.

In Berlin versuchen DDR-Sicherheitskräfte, 3000 Fans daran zu hindern, vom Brandenburger Tor aus Rockkonzerte vor dem Reichstagsgebäude im Westen der Stadt mitzuhören.

In der Eliaskirche in Berlin-Prenzlauer Berg treffen sich geistig- und körperbehinderte Jugendliche mit Kirchentagsbesuchern.

24.–28.06.
Evangelischer Kirchentag
in Berlin – der erste in der DDR seit 1961

04.07.
In Lyon wird Klaus Barbie, ehemaliger Gestapo-Chef von Lyon, zu lebenslanger Haft verurteilt.

17.07.
Die DDR-Regierung beschließt die Abschaffung der Todesstrafe.

07.–11.09.
Erich Honecker besucht als erster DDR-Staatschef die BRD.

29.12.
Nach einem Rekordaufenthalt im Weltraum von fast elf Monaten kehrt der Kosmonaut Juri Romanenko von der Weltraumstation Mir zur Erde zurück.

1988

23.01.
Erich Honecker empfängt den griechischen Ministerpräsidenten Andreas Papandreou und kündigt einen früheren Abbau von Atomraketen mittlerer Reichweite an.

18.02.
Michail Gorbatschow betont, dass jeder sozialistische Staat sein gesellschaftliches System frei wählen könne.

16.08.
Beim Geiseldrama im westfälischen Gladbeck sterben drei Menschen.

20.08.
Ende des Ersten Golfkriegs zwischen dem Iran und dem Irak

24.10.
Staatsbesuch Helmut Kohls in Moskau. Kohl und Gorbatschow erklären, die »Zeit des Eises« durch ein freundlicheres Klima abzulösen. Außerdem unterzeichnen sie Abkommen zum Umwelt- und Strahlenschutz, zur Kernenergie, Weltraumfahrt und Landwirtschaft.

17.11.
Der rumänische Präsident Nicolae Ceaușescu trifft in Ostberlin Erich Honecker und wird zu seinem 70. Geburtstag mit dem Karl-Marx-Orden ausgezeichnet.

18.11. Die DDR verbietet die Auslieferung der sowjetischen Zeitschrift **Sputnik**.

1989

20.01.
George H. W. Bush tritt sein Amt als 41. US-Präsident an.

04.06.
Tiananmen-Massaker: Die Volksbefreiungsarmee beendet Studentenproteste auf dem Platz des Himmlischen Friedens in Peking. Tausende werden verletzt, Hunderte getötet.

19.08.
»Paneuropäisches Picknick«, bei dem ein Grenztor an der ungarischen Grenze zu Österreich kurzzeitig geöffnet wird. Rund 700 DDR-Bürger fliehen.

04.09. Erste **Montagsdemonstration** in Leipzig; am 9. Oktober sind es 70 000 Teilnehmer, am 23. bereits 300 000.

11.09.
Ungarn öffnet seine Grenze zu Österreich.

30.09.
Hans-Dietrich Genscher verkündet vom Balkon der Prager Botschaft die Ausreisegenehmigung für die 4000 DDR-Flüchtlinge, die sich auf dem Gelände der Botschaft befinden.

07.10.
Die DDR feiert ihren 40. Jahrestag.

18.10.
Erich Honecker tritt zurück. Neuer Vorsitzender des Staatsrats der DDR und Generalsekretär der SED wird Egon Krenz.

04.11.
Protestdemonstration am Berliner Alexanderplatz mit über 500 000 Teilnehmern

09.11.
Der Eiserne Vorhang fällt. Öffnung der Berliner Mauer und der innerdeutschen Grenze

03.12.
12. Tagung des ZK der SED: Rücktritt von Generalsekretär Egon Krenz, dem Politbüro und dem ZK der SED

22.12.
Wiedereröffnung des Brandenburger Tors in Berlin 28 Jahre nach dem Mauerbau durch Hans Modrow, Helmut Kohl, Walter Momper

25.12.
Hinrichtung Nicolae Ceaușescus und seiner Frau nach dreitägigem Aufstand in Rumänien

Unsere Kindheit

Wir sind Kinder der DDR und wachsen in den 1980er Jahren auf – von unseren Eltern und vom Staat wohlbehütet. Wir besuchen die Kinderkrippe und den Kindergarten. Dort wird gespielt, gebastelt und gemalt. Wir lernen aufs Töpfchen zu gehen, selbständig zu essen und machen täglich zur selben Zeit Mittagsschlaf. Jeder Tag folgt einem festen Ablauf. Die sozialistischen Strukturen sollen uns dabei helfen, vorbildliche Jungpioniere zu werden.

Beim Besuch des Weihnachtsmannes im Kindergarten freuen wir uns über die Geschenke, die Plätzchen und das gemeinsame Singen.

Wir freuen uns, wenn etwas Abwechslung in unseren Alltag Einzug hält. Zur Faschingszeit verkleiden wir uns als Cowboys, Prinzessinnen, Rotkäppchen oder Piraten und feiern gemeinsam mit den anderen Kindern und unseren Erzieherinnen. Auch der Besuch vom Weihnachtsmann ist immer ein großes Ereignis. Ein Geschenk bekommen nur die Kinder, die artig waren und ein Gedicht oder ein Lied vortragen. Während wir im Kindergarten erste Freundschaften schließen, können unsere Eltern derweil beruhigt ihrer Arbeit nachgehen. Am Nachmittag oder Abend holen sie uns ab oder überlassen das den älteren Geschwistern. Alle Einrichtungen sind von 6 und 19 Uhr geöffnet. Weil es in der DDR keine Teilzeitstellen gibt und unsere Eltern täglich mindestens acht Stunden arbeiten, kann so ein Kindergartentag schon ganz schön lang werden.

Wir mögen es, wenn nach Feierabend oder an den Wochenenden unseren Eltern etwas mehr Zeit für uns haben. Dann machen wir zusammen Ausflüge, besuchen Oma und Opa oder spielen Gesellschaftsspiele. Schon früh helfen wir im Haushalt mit und übernehmen kleine Aufgaben wie Abtrocknen, Müllwegbringen oder Staubwischen. Sind die Pflichten erfüllt, zieht es uns hinaus auf die Straße, in die Hinterhöfe oder auf Wiesen und Felder. Hier haben wir viele Freiheiten und können mit Freunden spielen, Buden bauen, auf Bäume klettern und unser Leben genießen. Wir spielen Fangen, Gummihopse oder Verstecken. Puppenwagen, Roller, Ball und Fahrrad sind immer mit dabei. Wir spielen, bis es dunkel wird oder die Laternen angehen. Wenn das Abendessen fertig ist, werden wir von unseren Müttern gerufen. Im Sommer gehen wir ins Freibad oder fahren an den nächsten Badesee. Im Winter gehen wir rodeln, holen unsere Schlittschuhe aus dem Keller oder spielen in unseren Kinderzimmern auf unserer Triola, mit Puppen, Autos, Metallbaukästen, Cowboy- und Indianerfiguren, Eisenbahnen oder Kaufmannsläden.

Lieblingsessen

Die Küche der DDR ist geprägt von Gerichten aus den sozialistischen Bruderländern. So wachsen wir mit Soljanka, Gulasch, Königsberger Klopse oder der Karlsbader Schnitte auf. Wenn es nach uns ginge, könnte es jedoch jeden Tag Kartoffelpuffer, Quarkkeulchen oder Milchnudeln geben. Aber auch Jägerschnitzel oder Broiler essen wir gern. Zum Nachtisch mögen wir Quarkspeise, Kompott oder Kaltschale. Zu Geburtstagsfeiern backt Mutti Papageienkuchen oder Kalten Hund.

Quarkkeulchen

Zutaten: 650 g Kartoffeln vom Vortag · Abrieb einer Zitronenschale · 200 g Mehl · 2–3 Eier · 300 g Quark · Rosinen · etwas Salz · Bratfett · 50 g Zucker · Zucker zum Bestreuen

Zubereitung: Die geriebenen Kartoffeln locker mit dem Mehl vermengen und mit den übrigen Zutaten zu einem Teig verkneten. Keulchen daraus formen und im heißen Fett auf beiden Seiten goldbraun braten. Man kann sie mit Zucker bestreuen, oder man isst Apfelmus dazu. Guten Appetit!

UNSERE LIEBLINGS-BÜCHER

Gerhard Holtz-Baumerts *Alfons Zitterbacke* oder Benno Pludras ***Lütt Matten*** liest fast jeder von uns als Kind. James Krüss, Liselotte Welskopf-Henrich oder Karl May lassen uns Kinder in Fantasiewelten eintauchen. – Die vierbändige Kinderbuchreihe ***Drei lustige Gesellen*** des estnischen Autors Eno Raud erzählt manches Abenteuer, das die Wichtel Halbschuh, Moosbart und Muff gemeinsam bestreiten. Die von Edgar Valter illustrierten Bücher zählen in den 1980er Jahren zu den beliebtesten Kinderbüchern in der DDR. – Den Struwwelpeter von Heinrich Hoffmann kennt jedes Kind. 1970 erscheint mit ***So ein Struwwelpeter*** von Hansgeorg Stengel (Text) und Karl Schrader (Bilder) ein eigener, zeitgemäßer Struwwelpeter. – Klassiker sind die ***Kinder- und Hausmärchen der Brüder Grimm*** mit den Illustrationen von Werner Klemke. – Seit 1966 ist das einzige »Lexikon für Kinder« ***Von Anton bis Zylinder*** aus keinem Kinderzimmer wegzudenken.

Noch mehr Bücher

Kinder- und Jugendbücher gibt es in der DDR in Hülle und Fülle. International können sie sich qualitativ und quantitativ behaupten. Im Kinderbuchverlag Berlin erscheinen von 1949 bis 1989 knapp 5000 Titel mit einer Gesamtauflage von etwa 300 Millionen Exemplaren. Etwa 250 Autoren schreiben in den 1980er Jahren ausschließlich für Kinder, und viele ihrer Bücher erscheinen auch in westeuropäischen Verlagen. Die erfolgreichsten sind Benno Pludra, Elizabeth Shaw, Liselotte Welskopf-Henrich, Gerhard Holtz-Baumert und Christa Kozik. Bekannte Illustratoren sind: Volker Pfüller, Egbert Herfurth, Werner Klemke oder Klaus Ensikat.

Beispiele wunderbarer Kinderbücher aus berühmten Federn:

Erwin Strittmatter – ***Ole Bienkopp*** (1963)

Bertolt Brecht – *Ein Kinderbuch* (1965)

Stefan Heym – ***Der kleine König, der ein Kind kriegen mußte und andere neue Märchen für kluge Kinder*** (1985)

Sarah Kirsch – **»Caroline im Wassertropfen«** (1975)

Rainer Kirsch – **»Die Perlen der grünen Nixe«** (1975)

Peter Hacks – **»Armer Ritter«** (1977)

UNSERE LIEBLINGE IM FERNSEHEN

Aus Polen schwappen die kultigen Brüder »**Lolek und Bolek**« aus der Feder des Zeichners Alfred Ledwig zu uns herüber. Außerdem lieben wir die sowjetische Zeichentrickserie **»Hase und Wolf«**, in der der tollpatschige Wolf – meist erfolglos – versucht, den Hasen zu fangen und ihm zum Schluss immer wieder mit den Worten droht: »Nu sajaz, nu pogodi!« – »Na warte Hase! Ich kriege dich doch!«

Neben Märchenplatten hören wir gern Hörspiele wie ***Ein Dieb schleicht durch den Märchenwald*** mit Herrn Fuchs und Frau Elster. Rauf und runter laufen die Musikalben ***Komm, wir malen eine Sonne*** von Frank Schöbel und ***Kinderlieder aus aller Welt*** von Gerhard Schöne. Reinhard Lakomys (Komposition) und Monika Ehrhardts (Texte) Geschichtenlieder vom ***Traumzauberbaum*** können wir heute noch mitsingen.

Unmerklich hat das Sandmännchen mit der Zeit sein Aussehen verändert und sich verjüngt.

Das DDR-Fernsehen hat für uns Kinder einiges im Programm. So begleitet uns das **Sandmännchen** mit seinen Freunden Pittiplatsch, Schnatterinchen, Herr Fuchs und Frau Elster, Plumps sowie Frau Puppendoktor Pille durch unser erstes Lebensjahrzehnt. Beliebte Sendungen sind auch **»Flimmerstunde«**, **»Spielhaus«** und **»Brummkreisel«**.

Die Sportsendung **»Mach mit, mach's nach, mach's besser«** mit Adi (Gerhard Adolph) ist bei uns besonders gefragt. Wir schauen sie jeden Sonntagmorgen. Dabei treten Kinder aus Schulen in Wettbewerben gegeneinander an. Alle zwei Jahre wird ein Gesamtsieger ermittelt, der einen Wanderpokal des Nationalen Olympischen Komitees erhält.

In unserem Geburtsjahr wird die erste Folge der Spuk-Reihe (Regie: Günter Meyer) **»Spuk unterm Riesenrad«** (7 Episoden) ausgestrahlt. Wegen des großen Erfolgs folgen 1982 noch »Spuk im Hochhaus« (7 Episoden) und 1987 »Spuk von draußen« von (9 Episoden).

Unsere Schule

1985 oder 1986 feiern wir unsere Einschulung. Lange haben wir unserem ersten Schultag entgegengefiebert. Eine liebevoll gestaltete Schultüte ist nur für uns. Unsere Eltern haben sie mit Süßigkeiten, Stiften und kleinem Spielzeug gefüllt. Nachdem wir unsere neuen Klassenkameraden, unsere Lehrer und den Klassenraum kennengelernt haben, geht es nach einem Familienfoto nach Hause, wo wir mit der ganzen Familie zusammen feiern. Wir stehen an diesem Tag im Mittelpunkt!

An sechs Tagen in der Woche lernen wir fortan in der Polytechnischen Oberschule rechnen, lesen und schreiben. Von Montag bis Freitag werden wir von der Schulspeisung mit einem warmen Mittagessen versorgt. Am Samstag haben wir nur wenige Stunden Unterricht und sind pünktlich zum Mittagessen zu Hause. Schon als Erstklässler treten wir den Jungen Pionieren bei. Die feierliche Aufnahme findet am »Pioniergeburtstag«, dem 13. Dezember, statt. Wir geben unser Pionierversprechen ab und bekommen das blaue Halstuch und unseren Pionierausweis verliehen. Zum Unterrichtsbeginn oder beim Fahnenappell heißt es nun täglich: »Für Frieden und Sozialismus: Seid bereit!«, worauf wir Pioniere mit »Immer bereit!« und dem Pioniergruß antworten. Die älteren Schüler werden mit 14 Jahren Mitglied der Freien Deutschen Jugend (FDJ) und dürfen das Blauhemd tragen. Wir werden das nicht mehr erleben.

Schulbücher sind für alle kostenlos. Jeder von uns lernt mit der *Fibel* schreiben. Im Musikunterricht singen wir viele sozialistische Lieder. Die Texte vom »Kleinen Trompeter« und der »Kleinen weißen Friedenstaube« können wir heute noch auswendig. »Immer lebe die Sonne« oder »Ich trage eine Fahne« klingen noch in unseren Ohren. Schüler mit den besten Stimmen dürfen dem Schulchor beitreten. An Pioniernachmittagen basteln wir, machen Ausflüge oder gehen ins Kino oder in den Tierpark. Hin und wieder treffen wir auch unsere Patenbrigade. Wir sammeln Altpapier und Glas, das wir in die Schule und anschließend zur SERO-Annahmestelle bringen. Das eingenommene Geld spenden wir an sozialistische Partnerländer oder sparen für die nächste Freizeitaktivität. Unser Schulgarten wird gehegt und gepflegt und wir freuen uns über unsere selbstgeernteten Johannisbeeren. Im Werkunterricht bauen wir praktische Alltagsgegenstände wie Schlüsselbretter oder Kochlöffel, und im Schulfach Nadelarbeit wird uns beigebracht, wie man Löcher stopft und Topflappen häkelt. Sport spielt immer eine übergeordnete Rolle. Regelmäßig nehmen wir an Sportwettkämpfen, den **»Kinder- und Jugendspartakiaden«** teil.

Mit der Wende rutschen wir plötzlich in ein völlig neues Schulsystem. Ab der 7. Klasse besuchen wir das Gymnasium, die Real- oder Gesamtschule. Unsere Pionieruniform hängt jedoch noch lange Zeit in unserem Schrank, und den Pionierknoten beherrschen wir noch heute.

Die Gebote der Jungpioniere lauten:

- Wir Jungpioniere lieben unsere Deutsche Demokratische Republik.
- Wir Jungpioniere lieben unsere Eltern.
- Wir Jungpioniere lieben den Frieden.
- Wir Jungpioniere halten Freundschaft mit den Kindern der Sowjetunion und aller Länder.
- Wir Jungpioniere lernen fleißig, sind ordentlich und diszipliniert.
- Wir Jungpioniere achten alle arbeitenden Menschen und helfen überall tüchtig mit.
- Wir Jungpioniere sind gute Freunde und helfen einander.
- Wir Jungpioniere singen und tanzen, spielen und basteln gern.
- Wir Jungpioniere treiben Sport und halten unseren Körper sauber und gesund.
- Wir Jungpioniere tragen mit Stolz unser blaues Halstuch.
- Wir bereiten uns darauf vor, gute Thälmannpioniere zu werden.

Unsere Jugend

JUGENDWEIHE

Viele von uns feiern auch nach der Wende mit 14 Jahren Jugendweihe und werden unter den Augen von Eltern und Verwandten in den Kreis der Erwachsenen aufgenommen – ein großer Tag für uns! Die offizielle Feierstunde besteht aus Aufführungen, einem musikalischen Rahmenprogramm und Ansprachen. Anschließend werden uns eine Urkunde, Blumen und ein Buch überreicht. Natürlich haben wir uns an diesem großen Tag richtig schick gemacht. Viele von uns waren extra beim Friseur und die Jungs tragen meist zum ersten Mal einen Anzug. Nach dem offiziellen Teil feiern wir zu Hause mit unserer Familie bei gutem Essen und Trinken. Es gibt Geschenke von der Familie, aber auch von Bekannten und Nachbarn. Am meisten freuen wir uns über die Briefumschläge mit Geld, von dem wir uns etwas Langersehntes leisten, wie zum Beispiel einen Fotoapparat, unseren ersten Computer, oder wir sparen für den Führerschein. Abends treffen wir uns mit den Klassenkameraden und feiern ausgelassen das Erwachsenwerden.

JUGENDKULTUR

Von nun an dürfen wir abends ausgehen, Konzerte besuchen und in die Disko gehen. In der nächsten Bowlingbahn oder Billardbar in unserer Gegend treffen wir uns regelmäßig mit unseren Freunden. Wir hören Keimzeit, die Prinzen, die Toten Hosen oder die Ärzte. Einige von uns sind Techno-Fans, andere hören Punk, Rock oder sind einer Boygroup verfallen. Der Grunge mit Bands wie **Nirvana**, Pearl Jam oder

Soundgarden hat in unseren Kreisen viele Anhänger. Auch ins Kino gehen wir gern, insbesondere Freiluftkinos erfreuen sich großer Beliebtheit. Seit der Wende hat sich in unserem Land einiges verändert. Und wir haben alles hautnah erlebt – wie aus unserem Konsum ein Supermarkt wurde, plötzlich überall Werbeplakate prangten und Einkaufszentren entstanden.

Wir werden in einer Zeit der unbegrenzten Möglichkeiten erwachsen. Die Welt gehört uns und liegt uns zu Füßen. Unsere Eltern versuchen uns aufs beste zu unterstützen, doch sind sie auch hin und wieder argwöhnisch und ein kleines bisschen neidisch darauf, wie frei wir uns entfalten dürfen. So können wir entscheiden, ob wir Abitur machen und welche Ausbildung uns liegt oder was wir studieren möchten. Die jungen Männer unter uns können sich aussuchen, ob sie zwölf Monate zur Bundeswehr gehen oder doch lieber Zivildienst leisten möchten.

Wir müssen nicht mehr heiraten, um eine Wohnung zu bekommen. Wir lassen uns Zeit, bis wir den oder die Richtige gefunden haben. Außerdem wollen wir finanziell auf eigenen Füßen stehen, bevor wir mit der Familienplanung beginnen. Und es gibt ja auch noch so viel zu erleben! Wenn wir ein Auto kaufen möchten, brauchen wir nur das nötige Geld dazu. Wir trampen quer durch Europa, verbringen ein Highschool- oder ein Au-Pair-Jahr in den USA, oder wir machen mit unseren Freunden Urlaub auf Mallorca. Wir genießen unsere Jugend.

Mauerreste laden im südthüringischen Vacha in den 1990er Jahren zu einem Ausflug in die unmittelbare deutsche Vergangenheit ein.

Gerade an Tagen wie diesen – an Jubiläen oder Familienfeiern – erinnern wir uns an unsere Kindheit in der DDR. Wir vergessen nie, wo wir groß geworden sind. Unsere besonderen Erfahrungen und Erlebnisse werden uns ein Leben lang begleiten. Wir waren Kinder der DDR, und das hat aus uns gemacht, was wir heute sind.

Seiten zum
Selbstgestalten

Bildnachweis

BArch Plak 006-016-002: 15 l.; BArch Plak 102-023-018: 18 r.; BArch Bild 183-P0225-0300 / Hubert Link: 31 l.; BArch Bild 183-U0529-0306 / Rainer Mittelstädt: 40 l.; BArch Plak 102-072-009: 48; BArch Bild 183-1987-0626-045 / Peter Zimmermann: 49 l.; BArch Bild 183-1989-1107-401 / Thomas Uhlemann; BArch Bild 183-1985-0827-030 / Jan Peter Kasper: 56; BArch Plak 102-060-007: 57 r. picture alliance / dpa-ZB / Eberhard Klöppel: 4, 21; picture alliance / ddrbildarchiv.de / Klaus Morgenstern: 6; picture alliance / imageBROKER / H.-D. Falkenstein: 8 r.; picture alliance / dpa / Wöstmann: 8 l.; picture alliance / ASSOCIATED PRESS / Helmuth Lohmann: 9; picture alliance / dpa-ZB / Erich Schutt: 10, 23 r.; picture alliance / ZB / Karlheinz Schindler: 12 l.; picture alliance / ZB / Horst Sturm: 12 r.; picture alliance / dpa / DB Städele: 13 l.; picture alliance / akg-images / / Volkmar Thie: 13 r.; picture alliance / empics: 15 r. o.; picture alliance / ASSOCIATED PRESS / NJF: 15 r. u.; picture alliance / IMAGNO / Votava: 16 l.; picture alliance / Sven Simon: 16 r., 44 l.; picture alliance / dpa / Mehmet Biber: 17; picture alliance / dpa / Peer Grimm: 18 l.; picture alliance / ZB / Wilfried Glienke: 19; picture alliance / ZB / Ernst-Ludwig Bach: 20 r.; picture alliance / dpa-ZB: 20 l., 57 l., 58 l.; picture alliance / akg-images / Günter Rubitzsch: 22 r.; picture alliance / dpa / Archiv Berliner Verlag: 22 l. u.; picture alliance / dpa / Klaus-Dietmar Gabbert: 23 l.; picture alliance / jazzarchiv / Hardy Schiffler: 24; picture alliance / ZB / Werner Schulze: 28; picture alliance / ZB / Hubert Link: 29 l.; picture alliance / ddrbildarchiv.de / Manfred Uhlenhut: 29 r., 36 r.; picture alliance / Everett Collection: 30 l. o.; picture alliance / dpa: 30 l. u., 44 r.; picture alliance / ZUMA Press / Keystone Pictures USA: 30 r.; picture alliance / ZB / Jan Bauer: 31 r. o.; picture alliance / ZB / Jürgen Sindermann: 31 r. u.; picture alliance / Geisler-Fotopress / Sebastian Gabsch: 32; picture alliance / dpa / Thomas Eisenhuth: 34; picture alliance / dpa / Bodo Schackow: 35 l.; picture alliance / Eventpress MP: 35 r.; picture alliance / ddrbildarchiv.de: 36 l.; picture alliance / imageBROKER / Roger Tidman: 37 l.; picture alliance / AP Images / Shuji Kajiyama: 37 r.; picture alliance / ddrbildarchiv.de / Heinz Schönfeld: 38, 52 l.; picture alliance / Norbert Försterling: 39; picture alliance / ZB / Hanns-Peter Beyer: 40 r.; picture alliance / ASA / WEREK: 41 l.; picture alliance / CTK: 41 r.; picture alliance / ZB / Ulrich Hässler: 42; picture alliance / ZB / Manfred Uhlenhut: 45 l., 54 r.; picture alliance / ZB / Reinhard Kaufhold: 45 r.; picture alliance / dpa / Repro: 46 o.; picture alliance / dpa / ADN: 46 u., 50 l.; picture alliance / dpa / Sergey Guneev: 47; picture alliance / dpa / Tass: 49 r.; picture alliance / ASSOCIATED PRESS: 50 r.; picture alliance / ZB / Michael Richter: 51; picture alliance / ZB / Waltraud Grubitzsch: 52 r.; picture alliance / FoodCollection / Bärbel Büchner: 53; picture alliance / ZB / Sören Stache: 54 l.; picture alliance / dpa / Miranda Chen: 58 r.; picture alliance / ZB / Karl-Heinz Frank: 59 Privatarchiv Cordelia Biege: 27 o. Privatarchiv Gerd Christian: 27 u. Verlag Bild und Heimat: 22 l. o.

Es war leider nicht in allen Fällen möglich, die Rechteinhaber zu ermitteln.
Berechtigte Ansprüche bleiben gewahrt.

ISBN 978-3-95958-170-7

1. Auflage

Text- und Bildredaktion: Christine Szyska
Umschlaggestaltung: Buchgut, Berlin
unter Verwendung je eines Motivs von picture alliance / ZB / Archiv Berliner Verlag (Vordergrund) und picture alliance / ddrbildarchiv.de / Manfred Uhlenhut (Hintergrund)
Innengestaltung: fuxbux, Berlin
Druck und Bindung: Graspo CZ

SUPERillu

In Kooperation mit der SUPERillu
www.superillu-shop.de